The Artist And The Bee: Short Stories in French for Beginners

Artici Bilingual Books

Published by Artici Bilingual Books, 2024.

THE ARTIST AND THE BEE: SHORT STORIES IN FRENCH FOR BEGINNERS

First edition. April 2, 2024.

Copyright © 2024 Artici Bilingual Books.

ISBN: 979-8224822683

Written by Artici Bilingual Books.

Table of Contents

Mission vers Mars

Dans un futur où l'exploration spatiale avait atteint de nouveaux sommets, une mission historique vers Mars était sur le point de commencer. L'équipage de la navette spatiale Horizon se préparait pour le voyage le plus important de l'histoire de l'humanité.

Parmi les membres de l'équipage se trouvait une jeune astronaute nommée Joséphine. Depuis qu'elle était enfant, Joséphine rêvait de voyager dans l'espace et de découvrir les mystères de l'univers. Et maintenant, elle avait enfin la chance de réaliser son rêve en participant à la mission vers Mars.

Le jour du départ arriva enfin, et l'équipage de l'Horizon se rassembla dans la salle de contrôle, prêt à s'embarquer pour le voyage de leur vie. Les derniers préparatifs furent effectués, les adieux furent échangés, et bientôt, la navette spatiale fut propulsée dans l'espace, en direction de la planète rouge.

Pendant le voyage, l'équipage travailla sans relâche, effectuant des expériences scientifiques, surveillant les systèmes de la navette et se préparant pour l'atterrissage sur Mars. Chaque membre de l'équipage était déterminé à réussir la mission et à ramener des découvertes révolutionnaires sur Terre.

Enfin, après des mois de voyage dans l'espace, l'Horizon arriva en orbite autour de Mars. L'équipage regarda avec émerveillement par les hublots, admirant la beauté stérile et majestueuse de la planète rouge. Ils savaient que le moment était venu de descendre sur la surface et de commencer leur exploration.

Joséphine se sentait excitée et nerveuse à la fois. Elle savait que le succès de la mission dépendait de chaque membre de l'équipage, et elle était déterminée à faire sa part. En enfilant sa combinaison spatiale et en se préparant pour la descente, elle se rappela les longues heures d'entraînement et de préparation qui l'avaient menée jusqu'à ce moment crucial.

Enfin, le moment arriva, et l'équipage de l'Horizon descendit sur la surface de Mars. Ils étaient les premiers humains à poser le pied sur cette planète lointaine, et c'était un moment historique pour toute l'humanité. Pendant les jours qui suivirent, l'équipage explorait la surface de Mars, collectant des échantillons de sol, effectuant des mesures et prenant des photographies pour ramener sur Terre. Chaque découverte était plus excitante que la précédente, et l'équipage se sentait privilégié de pouvoir explorer un monde aussi étrange et mystérieux.

Mais alors qu'ils se préparaient à quitter Mars et à retourner sur Terre, un incident inattendu se produisit. Lors d'une sortie dans l'espace pour effectuer des réparations sur la navette, l'un des membres de l'équipage, Jean, fut accidentellement séparé du reste du groupe et se retrouva à la dérive dans l'espace.

Joséphine sentit son cœur se serrer d'angoisse en entendant la nouvelle. Jean était son ami proche, et elle savait qu'il était en danger. Sans hésiter, elle se porta volontaire pour le sauver, sachant que le temps était compté. Enfilant sa combinaison spatiale et attachant un câble de secours à sa ceinture, Joséphine s'élança dans l'espace pour retrouver Jean. Malgré les dangers et les obstacles, elle était déterminée à le ramener sain et sauf à bord de l'Horizon.

Après une recherche tendue, Joséphine finit par localiser Jean, dérivant lentement dans l'espace. Avec une précision et une agilité impressionnantes, elle parvint à l'attraper et à le ramener à bord de la navette, sauvant ainsi sa vie.

De retour à l'intérieur de l'Horizon, l'équipage célébra le sauvetage de Jean avec soulagement et gratitude. Joséphine était saluée comme une héroïne, mais elle savait que c'était le travail d'équipe et le dévouement de chacun qui avaient rendu le sauvetage possible.

Finalement, l'Horizon quitta Mars et entama son voyage de retour vers la Terre. L'équipage avait accompli sa mission avec succès, ramenant avec eux des découvertes précieuses et des souvenirs inoubliables de leur voyage vers l'inconnu.

Pour Joséphine, cette mission vers Mars avait été bien plus qu'une simple exploration spatiale. C'était une leçon sur le pouvoir de la détermination, du courage et de la camaraderie, une expérience qui avait transformé sa vie à jamais et l'avait inspirée à continuer à explorer les étoiles, peu importe où son voyage la mènerait ensuite.

Mission to Mars

In a future where space exploration had reached new heights, a historic mission to Mars was about to begin. The crew of the Horizon spacecraft was preparing for the most important journey in human history.

Among the crew members was a young astronaut named Joséphine. Since she was a child, Joséphine had dreamed of traveling into space and discovering the mysteries of the universe. And now, she finally had the chance to fulfill her dream by participating in the mission to Mars.

The day of departure finally arrived, and the Horizon crew gathered in the control room, ready to embark on the journey of their lives. Final preparations were made, goodbyes were exchanged, and soon, the spacecraft was propelled into space, heading towards the red planet.

During the journey, the crew worked tirelessly, conducting scientific experiments, monitoring the spacecraft systems, and preparing for the landing on Mars. Each member of the crew was determined to succeed in the mission and bring back revolutionary discoveries to Earth.

Finally, after months of space travel, the Horizon arrived in orbit around Mars. The crew looked with awe through the portholes, admiring the stark and majestic beauty of the red planet. They knew that the time had come to descend to the surface and begin their exploration.

Joséphine felt excited and nervous at the same time. She knew that the success of the mission depended on every member of the crew, and she was determined to do her part. As she donned her spacesuit and prepared for the descent, she remembered the long hours of training and preparation that had led her to this crucial moment.

Finally, the moment arrived, and the Horizon crew descended to the surface of Mars. They were the first humans to set foot on this distant planet, and it was a historic moment for all of humanity.

In the days that followed, the crew explored the surface of Mars, collecting soil samples, taking measurements, and capturing photographs to bring back to Earth. Each discovery was more exciting than the last, and the crew felt privileged to explore such a strange and mysterious world.

But as they prepared to leave Mars and return to Earth, an unexpected incident occurred. During a spacewalk to perform repairs on the spacecraft, one of the crew members, Jean, was accidentally separated from the rest of the group and found himself adrift in space.

Joséphine felt her heart tighten with anxiety upon hearing the news. Jean was her close friend, and she knew he was in danger. Without hesitation, she volunteered to save him, knowing that time was running out.

Donning her spacesuit and attaching a rescue cable to her belt, Joséphine launched into space to find Jean. Despite the dangers and obstacles, she was determined to bring him back safely aboard the Horizon.

After a tense search, Joséphine eventually located Jean, drifting slowly in space. With impressive precision and agility, she managed to grab him and bring him back aboard the spacecraft, saving his life.

Back inside the Horizon, the crew celebrated Jean's rescue with relief and gratitude. Joséphine was hailed as a hero, but she knew that it was teamwork and everyone's dedication that had made the rescue possible.

Finally, the Horizon left Mars and began its journey back to Earth. The crew had successfully completed their mission, bringing back precious discoveries and unforgettable memories of their journey into the unknown.

For Joséphine, this mission to Mars had been much more than just a space exploration. It was a lesson in the power of determination, courage, and camaraderie, an experience that had transformed her life forever and inspired her to continue exploring the stars, no matter where her journey would take her next.

Le Lever du Soleil et le Coucher du Soleil

Il était une fois, dans un petit village niché au creux des montagnes, deux enfants nommés Léo et Clara. Léo était un jeune garçon joyeux et curieux, tandis que Clara était une fille douce et rêveuse. Ils étaient amis depuis toujours et partageaient une fascination commune pour le ciel et ses merveilles.

Chaque jour, Léo et Clara se retrouvaient au sommet de la colline qui surplombait le village, pour contempler le lever du soleil et le coucher du soleil. Pour eux, c'était un rituel sacré, un moment de paix et de magie où ils pouvaient admirer la beauté du monde qui les entourait.

Le lever du soleil était pour eux le début d'une nouvelle aventure, un moment où tout semblait possible. Ils regardaient avec émerveillement le soleil qui se levait lentement à l'horizon, illuminant le ciel de couleurs chaudes et chatoyantes. C'était comme si le monde entier s'éveillait à une nouvelle journée, rempli de promesses et de possibilités.

Le coucher du soleil, en revanche, était un moment de calme et de réflexion. Léo et Clara s'asseyaient côte à côte, regardant le soleil disparaître lentement derrière les montagnes, peignant le ciel de teintes douces et apaisantes. C'était comme si le monde ralentissait son rythme, se préparant à la fin d'une journée bien remplie.

Un jour, alors qu'ils étaient assis au sommet de la colline, regardant le coucher du soleil, Clara se tourna vers Léo avec un sourire énigmatique.

"Tu sais, Léo, j'ai toujours pensé que le lever du soleil et le coucher du soleil étaient comme deux faces d'une même pièce", dit-elle doucement.

Léo leva un sourcil, intrigué par les paroles de son amie. "Comment ça ?" demanda-t-il.

Clara lui lança un regard malicieux. "Eh bien, pense-y. Le lever du soleil marque le début d'une nouvelle journée, plein de promesses et de possibilités. C'est comme si le monde entier se réveillait avec un sourire, prêt à affronter ce que la journée lui réserve."

Léo hocha la tête, comprenant lentement ce que Clara voulait dire. "Et le coucher du soleil ?" demanda-t-il.

Clara sourit. "Le coucher du soleil, c'est comme la fin d'un chapitre. C'est le moment où nous prenons le temps de réfléchir à la journée écoulée, de nous souvenir des moments spéciaux et des leçons apprises. C'est un moment de calme et de gratitude, où nous pouvons simplement être présents et apprécier la beauté qui nous entoure."

Léo regarda le ciel avec un nouveau respect, réalisant la profondeur des paroles de Clara. Il se sentait reconnaissant d'avoir une amie aussi sage et réfléchie à ses côtés, partageant avec lui ces moments précieux.

Et chaque fois qu'ils admiraient le ciel, Léo se souvenait des paroles de Clara et savait que, peu importe ce que la vie leur réservait, tant qu'ils avaient le lever du soleil et le coucher du soleil à partager, ils étaient prêts à affronter n'importe quel défi.

The Sunrise and the Sunset

Once upon a time, in a small village nestled in the mountains, there were two children named Leo and Clara. Leo was a cheerful and curious young boy, while Clara was a gentle and dreamy girl. They had been friends forever and shared a common fascination for the sky and its wonders.

Every day, Leo and Clara would meet at the top of the hill overlooking the village to watch the sunrise and the sunset. For them, it was a sacred ritual, a moment of peace and magic where they could admire the beauty of the world around them.

The sunrise was for them the beginning of a new adventure, a moment where everything seemed possible. They watched in awe as the sun rose slowly on the horizon, illuminating the sky with warm and vibrant colors. It was as if the whole world was waking up to a new day, full of promises and possibilities.

The sunset, on the other hand, was a moment of calm and reflection. Leo and Clara sat side by side, watching the sun slowly disappear behind the mountains, painting the sky with soft and soothing hues. It was as if the world was slowing down, preparing for the end of a busy day.

One day, as they sat at the top of the hill watching the sunset, Clara turned to Leo with a mysterious smile.

"You know, Leo, I've always thought that the sunrise and the sunset were like two sides of the same coin," she said softly.

Leo raised an eyebrow, intrigued by his friend's words. "How so?" he asked.

Clara gave him a mischievous look. "Well, think about it. The sunrise marks the beginning of a new day, full of promises and possibilities. It's as if the whole world is waking up with a smile, ready to face whatever the day brings."

Leo nodded slowly, slowly understanding what Clara meant. "And the sunset?" he asked.

Clara smiled. "The sunset is like the end of a chapter. It's a moment when we take the time to reflect on the day that has passed, to remember the special moments and the lessons learned. It's a moment of calm and gratitude, where we can simply be present and appreciate the beauty that surrounds us."

Leo looked at the sky with a new sense of respect, realizing the depth of Clara's words. He felt grateful to have such a wise and thoughtful friend by his side, sharing these precious moments with him.

And every time they admired the sky, Leo remembered Clara's words and knew that, no matter what life had in store for them, as long as they had the sunrise and the sunset to share, they were ready to face any challenge.

Les Rêves d'un Jardinier Réticent

Dans un petit village au cœur de la campagne, vivait un homme nommé Antoine. Antoine était un homme simple et tranquille, aimant passer ses journées à lire des livres et à écouter le chant des oiseaux dans son jardin. Pourtant, il y avait une chose qu'Antoine détestait par-dessus tout : jardiner. Il trouvait que c'était une corvée fastidieuse et ennuyeuse, et il évitait toujours cette tâche autant que possible.

Mais un jour, alors qu'il se promenait dans le village, Antoine entendit parler d'un concours de jardins organisé par la mairie. Intrigué, il écouta les gens discuter des prix et des récompenses pour les plus beaux jardins du village.

Au début, Antoine ne prit pas trop d'intérêt pour l'événement. Mais plus il y pensait, plus une idée folle germait dans son esprit. Et s'il pouvait transformer son jardin en quelque chose de spectaculaire et gagner le concours ?

C'était une idée folle, bien sûr. Antoine n'avait jamais été doué pour le jardinage, et il détestait même mettre les pieds dans la terre. Mais l'idée de remporter le concours et de prouver à tout le monde qu'il pouvait être un bon jardinier était trop tentante pour être ignorée.

Ainsi, avec une certaine réticence, Antoine se mit au travail. Il commença par nettoyer son jardin, enlevant les mauvaises herbes et en taillant les buissons. Puis, il planta des fleurs colorées et des arbustes odorants, essayant de créer un espace accueillant et agréable.

Au début, Antoine se sentait maladroit et incertain de ses choix. Mais au fur et à mesure qu'il travaillait, il commençait à ressentir une étrange sensation de satisfaction. Il aimait voir son jardin prendre forme sous ses mains, devenant de plus en plus beau à chaque jour qui passait.

Et plus il travaillait, plus il se prenait au jeu. Il passait des heures à planifier et à imaginer de nouvelles idées pour son jardin, rêvant de ce qu'il pourrait devenir s'il le transformait en un véritable paradis botanique.

Les voisins commençaient à remarquer les changements dans le jardin d'Antoine et à lui adresser des compliments sur son travail. Certains venaient même lui demander des conseils sur le jardinage, ne pouvant croire que cet homme autrefois réticent était devenu un expert en la matière.

Finalement, le jour du concours arriva. Antoine regarda avec fierté son jardin, maintenant transformé en un magnifique havre de paix, et réalisa à quel point il avait changé depuis le début de l'aventure.

Le jury parcourut les jardins du village, admirant les fleurs colorées et les arrangements créatifs des participants. Et quand ils arrivèrent au jardin d'Antoine, ils furent stupéfaits par sa beauté et son originalité.

Antoine retint son souffle alors que le jury délibérait. Il ne se faisait pas d'illusions sur ses chances de gagner, mais il était fier du travail qu'il avait accompli et de la transformation incroyable de son jardin.

Et puis, finalement, vint le moment tant attendu : l'annonce des gagnants. Le maire monta sur l'estrade et déplia le parchemin avec les noms des vainqueurs.

"Et le grand gagnant du concours de jardins est... Antoine !" annonça-t-il, le sourire aux lèvres.

Antoine resta bouche bée, ne pouvant croire ce qu'il entendait. Il avait gagné ! Son rêve fou de remporter le concours était devenu réalité, et il se sentait plus heureux que jamais.

Le village entier le félicita pour sa victoire, et même s'il était encore un peu surpris par le résultat, Antoine savait qu'il y avait une leçon importante à retenir de cette expérience : parfois, les plus grandes réalisations peuvent venir de là où on s'y attend le moins.

Et ainsi, avec un jardin florissant pour rappeler son incroyable aventure, Antoine continua à rêver de nouvelles possibilités et à s'épanouir dans le monde du jardinage, prouvant à tous que même les plus réticents peuvent accomplir de grandes choses s'ils se donnent la chance d'essayer.

The Dreams of a Reluctant Gardener

In a small village in the heart of the countryside lived a man named Antoine. Antoine was a simple and quiet man, loving to spend his days reading books and listening to the birdsong in his garden.

Yet, there was one thing that Antoine hated above all: gardening. He found it to be a tedious and boring chore, and he always avoided this task as much as possible.

But one day, as he was walking through the village, Antoine heard about a gardening contest organized by the town hall. Intrigued, he listened to people discussing the prizes and rewards for the most beautiful gardens in the village.

At first, Antoine didn't pay much attention to the event. But the more he thought about it, the more a crazy idea grew in his mind. What if he could transform his garden into something spectacular and win the contest?

It was a crazy idea, of course. Antoine had never been good at gardening, and he even hated getting his hands dirty. But the idea of winning the contest and proving to everyone that he could be a good gardener was too tempting to ignore.

So, with some reluctance, Antoine got to work. He started by cleaning up his garden, removing weeds and trimming bushes. Then, he planted colorful flowers and fragrant shrubs, trying to create a welcoming and pleasant space.

At first, Antoine felt awkward and unsure of his choices. But as he worked, he began to feel a strange sense of satisfaction. He enjoyed seeing his garden take shape under his hands, becoming more beautiful with each passing day.

And the more he worked, the more he got into it. He spent hours planning and imagining new ideas for his garden, dreaming of what it could become if he turned it into a true botanical paradise.

Neighbors began to notice the changes in Antoine's garden and complimented him on his work. Some even came to ask him for gardening advice, unable to believe that this once reluctant man had become an expert in the field.

Finally, the day of the contest arrived. Antoine looked proudly at his garden, now transformed into a beautiful haven of peace, and realized how much he had changed since the beginning of the adventure.

The jury toured the village gardens, admiring the colorful flowers and creative arrangements of the participants. And when they arrived at Antoine's garden, they were amazed by its beauty and originality.

Antoine held his breath as the jury deliberated. He didn't have high hopes of winning, but he was proud of the work he had done and the incredible transformation of his garden.

And then, finally, came the long-awaited moment: the announcement of the winners. The mayor stepped onto the stage and unfolded the parchment with the names of the winners.

"And the grand winner of the gardening contest is... Antoine!" he announced, smiling.

Antoine was speechless, unable to believe what he was hearing. He had won! His crazy dream of winning the contest had come true, and he felt happier than ever.

The entire village congratulated him on his victory, and even though he was still a little surprised by the outcome, Antoine knew that there was an important lesson to be learned from this experience: sometimes, the greatest achievements can come from where you least expect them.

And so, with a flourishing garden to remind him of his incredible adventure, Antoine continued to dream of new possibilities and thrive in the world of gardening, proving to everyone that even the most reluctant can accomplish great things if they give themselves the chance to try.

Nous avons Parlé toute la Journée

C'était une journée ensoleillée de printemps, et Sophie se promenait dans le parc, profitant du doux murmure du vent dans les arbres et du chant des oiseaux. Alors qu'elle s'installait sur un banc, elle remarqua un jeune homme assis seul, feuilletant un livre.

Intriguée, Sophie s'approcha timidement et s'assit à côté de lui. Elle remarqua que le jeune homme avait l'air absorbé par sa lecture, mais quelque chose dans ses yeux bleus brillants lui donnait envie de lui parler. "Bonjour," dit-elle doucement, espérant ne pas le déranger.

Le jeune homme leva les yeux de son livre et lui offrit un sourire chaleureux. "Bonjour," répondit-il. "Tu profites de la journée ?"

Sophie hocha la tête. "Oui, c'est tellement agréable de se promener par un temps aussi beau. Et toi, que lis-tu ?"

Le jeune homme lui tendit le livre. "C'est un recueil de poésie. J'aime bien me plonger dans les mots et laisser mon esprit voyager."

Sophie sourit. "C'est très poétique. Moi, je préfère les romans."

Et ainsi, la conversation commença. Sophie et le jeune homme parlèrent de tout et de rien, laissant leurs pensées s'envoler au gré du vent. Ils parlaient de leurs passions, de leurs rêves, et même de leurs peurs les plus profondes.

Ils riaient ensemble, partageant des histoires drôles et des anecdotes de leur vie quotidienne.

Le temps semblait s'arrêter alors qu'ils parlaient, et bientôt, le soleil commença à se coucher sur l'horizon. Sophie regarda l'heure sur sa montre et réalisa avec surprise que plusieurs heures s'étaient écoulées depuis qu'elle avait rencontré le jeune homme.

"Je ne me suis même pas rendu compte du temps qui passait," dit-elle, surprise.

Le jeune homme lui sourit. "Moi non plus. C'est comme si nous avions été transportés dans notre propre petit monde, où rien d'autre ne comptait que notre conversation."

Sophie hocha la tête, se sentant étrangement proche de cet étranger qu'elle venait de rencontrer. Elle se demanda s'ils se reverraient un jour, ou si ce moment fugace resterait à jamais gravé dans sa mémoire.

"Je dois y aller," dit-elle à contrecœur, se levant du banc. "Mais c'était vraiment agréable de parler avec toi."

Le jeune homme se leva aussi, lui offrant un sourire triste. "Oui, c'était vraiment spécial. J'espère te revoir un jour."

Sophie lui sourit, sentant une pointe de tristesse en elle alors qu'elle se détournait pour partir. Mais elle savait qu'elle emporterait avec elle le souvenir de cette journée magique passée à parler avec un étranger dans un parc ensoleillé.

Et peut-être, juste peut-être, leur chemin se croiserait à nouveau un jour, et ils pourraient reprendre leur conversation là où ils l'avaient laissée, laissant leurs pensées s'envoler une fois de plus dans le vent.

We Talked All Day

It was a sunny spring day, and Sophie was walking in the park, enjoying the gentle rustle of the wind in the trees and the birdsong. As she settled on a bench, she noticed a young man sitting alone, flipping through a book.

Intrigued, Sophie approached timidly and sat down next to him. She noticed that the young man seemed absorbed in his reading, but something in his bright blue eyes made her want to talk to him.

"Hello," she said softly, hoping not to disturb him.

The young man looked up from his book and offered her a warm smile. "Hello," he replied. "Are you enjoying the day?"

Sophie nodded. "Yes, it's so nice to walk around in such beautiful weather. And you, what are you reading?"

The young man handed her the book. "It's a collection of poetry. I like to immerse myself in words and let my mind wander."

Sophie smiled. "That's very poetic. I prefer novels."

And so, the conversation began. Sophie and the young man talked about everything and nothing, letting their thoughts wander with the wind. They talked about their passions, their dreams, and even their deepest fears.

They laughed together, sharing funny stories and anecdotes from their daily lives.

Time seemed to stand still as they talked, and soon, the sun began to set on the horizon. Sophie checked the time on her watch and realized with surprise that several hours had passed since she had met the young man.

"I didn't even realize how time was flying," she said, surprised.

The young man smiled at her. "Me neither. It's as if we were transported into our own little world, where nothing else mattered but our conversation."

Sophie nodded, feeling strangely close to this stranger she had just met. She wondered if they would ever see each other again, or if this fleeting moment would remain forever etched in her memory.

"I have to go," she said reluctantly, getting up from the bench. "But it was really nice talking to you."

The young man stood up too, offering her a sad smile. "Yes, it was really special. I hope to see you again someday."

Sophie smiled at him, feeling a twinge of sadness as she turned to leave. But she knew that she would carry with her the memory of this magical day spent talking with a stranger in a sunny park.

And perhaps, just perhaps, their paths would cross again someday, and they could pick up their conversation where they left off, letting their thoughts soar once more with the wind.

Les Règles du Jeu

Dans un petit village isolé, au cœur de la campagne, vivait un vieux fermier nommé Pierre. Il était connu dans toute la région pour sa sagesse et sa connaissance des règles qui régissaient la vie.

Chaque jour, les habitants du village venaient le consulter pour obtenir des conseils et des réponses à leurs questions. Pierre avait toujours une réponse sage et juste à leur donner, et tous l'écoutaient avec respect.

Un jour, un étranger arriva au village. Il était jeune et plein d'ambition, et il cherchait à défier les règles établies par Pierre. Il se mit à poser des questions provocantes, remettant en question la sagesse du vieux fermier.

Pierre, calme et serein, écouta attentivement les questions de l'étranger. Puis, d'une voix douce mais ferme, il lui expliqua les règles du jeu de la vie.

Il lui dit que chaque action avait une conséquence, que chaque choix avait un impact sur le monde qui nous entoure. Il lui dit que la vie n'était pas un jeu à gagner ou à perdre, mais un voyage à parcourir avec sagesse et compassion.

L'étranger, frustré par les réponses de Pierre, décida de le défier en duel. Il était convaincu qu'il pouvait le battre et prouver que ses propres règles étaient meilleures.

Pierre accepta le défi, mais au lieu d'utiliser la violence, il proposa un jeu d'échecs. Les deux hommes s'installèrent autour du plateau et commencèrent à jouer.

Au début, l'étranger semblait avoir l'avantage. Il déplaçait ses pièces avec rapidité et assurance, cherchant à piéger Pierre dans ses propres stratégies.

Mais Pierre ne se laissa pas impressionner. Avec calme et patience, il étudiait chaque coup de son adversaire, trouvant toujours une réponse astucieuse à ses attaques.

Finalement, après des heures de jeu intense, Pierre annonça calmement "Échec et mat". L'étranger réalisa alors qu'il avait été battu, non pas par la force brute, mais par la sagesse et l'intelligence de son adversaire.

Déconcerté, l'étranger demanda à Pierre comment il avait pu gagner alors qu'il semblait avoir le contrôle du jeu. Pierre lui répondit simplement que dans la vie, comme aux échecs, il ne s'agit pas seulement de déplacer des pièces, mais de comprendre les règles du jeu et d'agir avec sagesse.

L'étranger quitta le village ce jour-là, mais il emporta avec lui une leçon précieuse. Il comprit que les règles du jeu de la vie étaient simples mais profondes, et que la véritable victoire résidait dans la compréhension et le respect de ces règles.

Et tandis que le soleil se couchait sur le village, Pierre sourit en voyant les habitants se rassembler autour de lui, reconnaissants pour les enseignements qu'il leur avait transmis. Car dans ce petit coin de campagne, les règles du jeu étaient simples : vivre avec sagesse, agir avec compassion, et toujours respecter les autres joueurs.

The Rules of the Game

In a small isolated village, in the heart of the countryside, lived an old farmer named Pierre. He was known throughout the region for his wisdom and his knowledge of the rules that governed life.

Every day, the villagers came to consult him for advice and answers to their questions. Pierre always had a wise and just answer to give them, and they all listened to him with respect.

One day, a stranger arrived in the village. He was young and ambitious, and he sought to challenge the rules established by Pierre. He began asking provocative questions, questioning the wisdom of the old farmer.

Pierre, calm and serene, listened carefully to the stranger's questions. Then, in a soft but firm voice, he explained to him the rules of the game of life.

He told him that every action had a consequence, that every choice had an impact on the world around us. He told him that life was not a game to win or lose, but a journey to be traveled with wisdom and compassion.

The stranger, frustrated by Pierre's answers, decided to challenge him to a duel. He was convinced that he could beat him and prove that his own rules were better.

Pierre accepted the challenge, but instead of using violence, he proposed a game of chess. The two men sat down around the board and began to play.

At first, the stranger seemed to have the advantage. He moved his pieces with speed and confidence, seeking to trap Pierre in his own strategies.

But Pierre was not impressed. With calm and patience, he studied each move of his opponent, always finding a clever response to his attacks.

Finally, after hours of intense play, Pierre calmly announced "Checkmate." The stranger realized then that he had been beaten, not by brute force, but by the wisdom and intelligence of his opponent.

Bewildered, the stranger asked Pierre how he could have won when he seemed to have control of the game. Pierre simply replied that in life, as in chess, it is not just about moving pieces, but about understanding the rules of the game and acting with wisdom.

The stranger left the village that day, but he took with him a valuable lesson. He understood that the rules of the game of life were simple but profound, and that true victory lay in understanding and respecting these rules.

And as the sun set over the village, Pierre smiled as he saw the villagers gather around him, grateful for the teachings he had imparted to them. For in this small corner of the countryside, the rules of the game were simple: to live with wisdom, to act with compassion, and always to respect the other players.

Le Petit Hérisson et le Généreux Écureuil

Il était une fois, dans une forêt luxuriante, un petit hérisson nommé Hugo. Hugo était un hérisson curieux et débrouillard, qui aimait explorer les sentiers de la forêt à la recherche d'aventures.

Un jour, alors qu'il se promenait sous les grands arbres, Hugo entendit un bruit étrange venant d'un buisson. Il s'approcha avec méfiance et découvrit un écureuil nommé Émile, dont la patte était coincée sous une branche tombée.

"Bonjour, petit hérisson," dit Émile avec un sourire douloureux. "Pourrais-tu m'aider à me libérer de cette branche?"

Hugo s'approcha et examina la situation. Il se rendit compte que la branche était trop lourde pour qu'Émile puisse la déplacer seul. Il réfléchit un instant, puis eut une idée.

"Il faut que je trouve de l'aide," dit Hugo à Émile. "Je reviens tout de suite."

Sans perdre de temps, Hugo se précipita à travers la forêt à la recherche d'un autre animal qui pourrait les aider. Il rencontra bientôt Léa, une chouette sage perchée sur une branche.

"Léa, Léa!" appela Hugo. "Émile, l'écureuil, est coincé sous une branche. Peux-tu nous aider?"

Léa regarda Hugo avec compassion et hocha la tête. Ensemble, ils se dirigèrent vers l'endroit où Émile était piégé.

Une fois là-bas, Léa utilisa ses griffes pour soulever délicatement la branche tandis que Hugo tirait Émile hors de dessous. Enfin, Émile était libre!

"Merci beaucoup, Hugo et Léa," dit Émile avec gratitude. "Je ne sais pas ce que je ferais sans vous."

Hugo et Léa sourirent, heureux d'avoir pu aider leur ami.

Le lendemain matin, Hugo se réveilla avec le soleil qui brillait à travers les feuilles des arbres. Il se sentait heureux et reconnaissant d'avoir des amis aussi merveilleux. Puis, il se mit en route pour une nouvelle journée d'aventures dans la forêt.

The Little Hedgehog and the Generous Squirrel

Once upon a time, in a lush forest, there was a little hedgehog named Hugo. Hugo was a curious and resourceful hedgehog who loved exploring the forest trails in search of adventures.

One day, as he was walking under the tall trees, Hugo heard a strange noise coming from a bush. He approached cautiously and discovered a squirrel named Émile, whose paw was trapped under a fallen branch.

"Hello, little hedgehog," said Émile with a painful smile. "Could you help me get free from this branch?"

Hugo approached and examined the situation. He realized that the branch was too heavy for Émile to move alone. He thought for a moment, then had an idea.

"I need to find help," said Hugo to Émile. "I'll be right back."

Without wasting time, Hugo rushed through the forest in search of another animal who could help them. He soon met Léa, a wise owl perched on a branch.

"Léa, Léa!" called Hugo. "Émile, the squirrel, is trapped under a branch. Can you help us?"

Léa looked at Hugo with compassion and nodded. Together, they made their way to where Émile was stuck.

Once there, Léa used her claws to gently lift the branch while Hugo pulled Émile out from underneath. Finally, Émile was free!

"Thank you so much, Hugo and Léa," said Émile gratefully. "I don't know what I would do without you."

Hugo and Léa smiled, happy to have been able to help their friend.

The next morning, Hugo woke up with the sun shining through the leaves of the trees. He felt happy and grateful to have such wonderful friends. Then, he set off for a new day of adventures in the forest.

Une Chanson en Été

C'était une journée chaude d'été dans un petit village niché au creux des collines. Les rues étaient paisibles, baignées par la lumière dorée du soleil. Les oiseaux chantaient joyeusement dans les arbres, et une douce brise caressait les feuilles des grands chênes.

Au cœur du village, une jeune femme nommée Sophie se promenait, ses pas légers résonnant sur les pavés anciens. Elle aimait se perdre dans les ruelles étroites, découvrant les secrets cachés de chaque coin de rue.

Alors qu'elle marchait, Sophie entendit une mélodie familière flotter dans l'air chaud. Elle se dirigea vers le son, ses yeux pétillants de curiosité. Elle arriva bientôt à un petit parc ombragé, où un musicien jouait de sa guitare sous un arbre centenaire.

Le musicien était un homme au visage ridé et aux cheveux grisonnants. Il avait un sourire chaleureux et des yeux pétillants de malice. Sa voix, douce et rauque, semblait raconter des histoires anciennes et des souvenirs lointains.

Sophie s'assit sur un banc à proximité, écoutant attentivement la chanson du musicien. Les notes étaient douces et envoûtantes, comme une caresse sur sa peau bronzée par le soleil. Elle ferma les yeux, se laissant emporter par la musique.

La chanson parlait de l'été, de ses jours sans fin et de ses nuits étoilées. Elle évoquait les champs dorés de blé ondulant sous le vent, les rivières claires où les enfants jouaient, et les soirées chaudes passées à contempler les étoiles.

Plus le musicien jouait, plus Sophie sentait son cœur s'emballer. La chanson semblait réveiller en elle des souvenirs oubliés, des moments de bonheur pur et simple qui semblaient appartenir à une autre vie.

Quand le musicien eut fini de jouer, Sophie se leva lentement, ses yeux brillant d'une lueur nouvelle. Elle s'approcha du musicien, son cœur battant fort dans sa poitrine.

"Merci pour cette belle chanson", dit-elle timidement. "Elle m'a rappelé tant de souvenirs heureux."

Le musicien sourit, ses yeux se plissant au coin. "Je suis heureux que ma musique ait pu éveiller en vous de doux souvenirs", répondit-il. "L'été est une saison magique, où chaque jour semble être une aventure en soi."

Sophie hocha la tête, sentant les mots du musicien résonner en elle.

Alors qu'elle quittait le parc, une nouvelle détermination brûlait dans le cœur de Sophie. Elle savait que même lorsque l'été prendrait fin et que les jours raccourciraient, elle emporterait avec elle la chaleur et la lumière de cette saison magique.

Et tandis qu'elle marchait dans les rues du village, elle fredonnait doucement la mélodie de la chanson, laissant son cœur chanter avec elle.

Car elle savait maintenant que tant qu'il y aurait de la musique dans le monde, il y aurait toujours une chanson à chanter, même dans les jours les plus sombres de l'hiver.

A Song in the Summer

It was a hot summer day in a small village nestled amidst the hills. The streets were peaceful, bathed in the golden sunlight. Birds chirped joyfully in the trees, and a gentle breeze caressed the leaves of the tall oaks.

At the heart of the village, a young woman named Sophie strolled, her light steps echoing on the ancient cobblestones. She loved getting lost in the narrow alleys, uncovering the hidden secrets of every corner.

As she walked, Sophie heard a familiar melody drifting in the warm air. She followed the sound, her eyes sparkling with curiosity. She soon arrived at a small shaded park, where a musician played his guitar under a century-old tree.

The musician was a man with a wrinkled face and grayish hair. He had a warm smile and eyes twinkling with mischief. His voice, soft and husky, seemed to tell ancient stories and distant memories.

Sophie sat on a nearby bench, listening attentively to the musician's song. The notes were soft and mesmerizing, like a caress on her sun-kissed skin. She closed her eyes, letting herself be carried away by the music.

The song spoke of summer, of its endless days and starry nights. It evoked golden fields of wheat swaying in the wind, clear rivers where children played, and warm evenings spent gazing at the stars.

The more the musician played, the more Sophie felt her heart racing. The song seemed to awaken forgotten memories in her, moments of pure and simple happiness that seemed to belong to another life.

When the musician finished playing, Sophie stood up slowly, her eyes shining with a new light. She approached the musician, her heart pounding loudly in her chest.

"Thank you for this beautiful song," she said timidly. "It reminded me of so many happy memories."

The musician smiled, his eyes crinkling at the corners. "I'm glad my music could awaken sweet memories in you," he replied. "Summer is a magical season, where each day feels like an adventure in itself."

Sophie nodded, feeling the musician's words resonate within her.

As she left the park, a new determination burned in Sophie's heart. She knew that even when summer came to an end and the days grew shorter, she would carry with her the warmth and light of this magical season.

And as she walked the streets of the village, she softly hummed the melody of the song, letting her heart sing along. For she now knew that as long as there was music in the world, there would always be a song to sing, even in the darkest days of winter.

Hier

Hier, dans une petite ville tranquille, une femme se promenait le long des rues pavées. Ses pensées tournaient autour des souvenirs qui semblaient à la fois proches et lointains. Elle se rappelait les rires des enfants dans les parcs, les doux parfums des pâtisseries dans les boulangeries, et les chaudes étreintes des amis perdus dans le temps.

Alors qu'elle marchait, elle se retrouva devant une vieille librairie. Les livres alignés sur les étagères semblaient murmurer des histoires oubliées et des secrets enfouis depuis longtemps. La femme entra, attirée par l'odeur enivrante du papier et de l'encre.

Elle déambula dans les allées étroites, ses doigts effleurant les dos usés des livres. Soudain, quelque chose attira son regard : un petit livre relié en cuir, posé négligemment sur une étagère poussiéreuse. Elle le prit entre ses mains tremblantes, sentant une vague de nostalgie l'envahir.

Le livre s'intitulait "Hier". Intriguée, la femme l'ouvrit et commença à lire. Les mots dansaient devant ses yeux, évoquant des souvenirs oubliés depuis longtemps. Elle se souvint des jours ensoleillés passés dans les champs de fleurs, des nuits étoilées à contempler le ciel, et des doux murmures échangés sous la lueur de la lune.

Plus elle lisait, plus les souvenirs semblaient prendre vie autour d'elle. Elle revoyait le visage souriant de sa grand-mère lui racontant des histoires au coin du feu, les rires joyeux de ses amis lors de fêtes d'été, et les baisers passionnés échangés avec un amour perdu depuis longtemps.

Les larmes embuèrent ses yeux alors qu'elle tournait la dernière page du livre. Hier semblait soudain si proche, et pourtant si lointain. Elle réalisa que chaque moment, chaque émotion, chaque personne rencontrée avait contribué à tisser la toile de sa vie, et que même les moments les plus simples pouvaient être précieux.

Elle referma le livre lentement, sentant son cœur se remplir d'une étrange sérénité. Hier était passé, mais il restait vivant à travers les souvenirs qui avaient façonné son être. Elle savait maintenant qu'elle pouvait avancer, portant avec elle les leçons apprises et les souvenirs chéris de "Hier".

Avec un sourire sur les lèvres, elle quitta la librairie et continua sa promenade dans les rues de la ville. Le soleil brillait haut dans le ciel, illuminant chaque coin d'ombre et dissipant les dernières traces de tristesse dans son cœur.

Hier était derrière elle, mais aujourd'hui était là, plein de promesses et de possibilités infinies. Et tandis qu'elle marchait vers l'avenir, la femme sut que peu importe ce que demain lui réservait, elle pouvait affronter l'avenir avec courage et espoir, car elle portait en elle la force et la sagesse de "Hier".

Yesterday

Yesterday, in a small tranquil town, a woman strolled along the cobbled streets. Her thoughts revolved around memories that seemed both near and distant. She remembered the laughter of children in the parks, the sweet scents of pastries in the bakeries, and the warm embraces of friends lost in time.

As she walked, she found herself in front of an old bookstore. The books lined up on the shelves seemed to whisper forgotten stories and long-buried secrets. The woman entered, drawn by the intoxicating smell of paper and ink.

She wandered through the narrow aisles, her fingers brushing against the worn spines of the books. Suddenly, something caught her eye: a small leather-bound book, casually placed on a dusty shelf. She picked it up with trembling hands, feeling a wave of nostalgia wash over her.

The book was titled "Yesterday". Intrigued, the woman opened it and began to read. The words danced before her eyes, evoking long-forgotten memories. She remembered sunny days spent in fields of flowers, starry nights gazing at the sky, and soft whispers exchanged under the moonlight.

The more she read, the more the memories seemed to come alive around her. She saw her grandmother's smiling face telling her stories by the fireside, the joyful laughter of her friends at summer parties, and the passionate kisses shared with a love long lost.

Tears blurred her eyes as she turned the book's final page. Yesterday suddenly seemed so close, yet so far away. She realized that every moment, every emotion, every person she had met had contributed to weaving the fabric of her life, and that even the simplest moments could be precious.

She closed the book slowly, feeling her heart fill with a strange serenity. Yesterday was gone, but it remained alive through the memories that had shaped her being. She now knew that she could move forward, carrying with her the lessons learned and the cherished memories of "Yesterday".

With a smile on her lips, she left the bookstore and continued her walk through the town's streets. The sun shone high in the sky, illuminating every shadowy corner and dispelling the last traces of sadness in her heart.

Yesterday was behind her, but today was here, full of promises and infinite possibilities. And as she walked towards the future, the woman knew that no matter what tomorrow held, she could face it with courage and hope, for she carried within her the strength and wisdom of "Yesterday".

J'ai une Chanson

Il était une fois, dans un petit village au bord de la mer, vivait un jeune pêcheur du nom de Remy. Remy était connu pour son amour de la mer et pour sa voix douce comme le chant des vagues.

Chaque matin, avant de partir en mer, Remy s'asseyait sur le rivage et chantait une chanson douce et mélancolique. Sa voix portait au loin, se mêlant au bruit des vagues qui se brisaient contre les rochers.

Les habitants du village aimaient écouter Remy chanter. Ils disaient que sa voix apportait la paix et la tranquillité à leurs cœurs tourmentés par les tempêtes de la vie.

Mais malgré son talent pour le chant, Remy était souvent triste. Il rêvait de voyager et de découvrir de nouveaux horizons, mais il était trop attaché à son village pour partir.

Un jour, alors qu'il se promenait sur la plage, Remy trouva une bouteille échouée sur le sable. À l'intérieur, il découvrit un morceau de papier jauni par le temps, avec des mots écrits en lettres cursives.

Intrigué, Remy déplia le papier et lut les mots inscrits dessus. C'étaient les paroles d'une chanson, une chanson qu'il n'avait jamais entendue auparavant. Les paroles parlaient de voyages lointains, de terres inconnues et de rêves à réaliser.

Remy sentit son cœur bondir d'excitation. Il avait trouvé la chanson qu'il cherchait depuis si longtemps, la chanson qui lui donnerait le courage de partir à l'aventure.

Dès lors, Remy décida de préparer son bateau et de partir en mer, à la recherche des terres mystérieuses décrites dans la chanson. Il était déterminé à découvrir de nouveaux horizons et à vivre sa vie au rythme de la mer.

Pendant des jours et des nuits, Remy navigua sur les vastes étendues de l'océan, se laissant guider par les étoiles scintillantes dans le ciel nocturne.

Parfois, il chantait la chanson qu'il avait trouvée dans la bouteille, laissant sa voix s'élever dans l'air salé comme un appel à l'aventure.

Finalement, après un long voyage, Remy aperçut une île au loin. L'île était verdoyante et luxuriante, avec des plages de sable blanc et des montagnes majestueuses qui s'élevaient vers le ciel.

Remy débarqua sur l'île et commença à explorer ses mystères. Il rencontra des peuples étranges et des animaux sauvages, découvrant des paysages à couper le souffle et des trésors cachés dans les profondeurs de la jungle.

Au fil des jours, Remy se rendit compte qu'il avait enfin trouvé ce qu'il cherchait : l'aventure et la liberté de vivre sa vie selon ses propres termes. Il était reconnaissant pour la chanson qui lui avait donné le courage de partir et pour les merveilles qu'il avait découvertes grâce à elle.

Et tandis qu'il se tenait sur le rivage de l'île, regardant le soleil se coucher derrière l'horizon, Remy sut qu'il avait enfin trouvé sa place dans le monde. Car il avait une chanson dans son cœur, une chanson de liberté et d'aventure, qui le guiderait toujours sur le chemin de ses rêves.

I Have a Song

Once upon a time, in a small village by the sea, lived a young fisherman named Remy. Remy was known for his love of the sea and for his voice as soft as the waves' melody.

Every morning, before heading out to sea, Remy would sit on the shore and sing a sweet and melancholic song. His voice carried far, blending with the sound of waves crashing against the rocks.

The villagers loved listening to Remy sing. They said his voice brought peace and tranquility to their hearts troubled by life's storms.

But despite his talent for singing, Remy was often sad. He dreamed of traveling and discovering new horizons, but he was too attached to his village to leave.

One day, while walking along the beach, Remy found a bottle washed up on the sand. Inside, he found a piece of paper yellowed with time, with words written in cursive letters.

Intrigued, Remy unfolded the paper and read the words written on it. They were the lyrics of a song, a song he had never heard before. The lyrics spoke of distant travels, unknown lands, and dreams to fulfill.

Remy felt his heart leap with excitement. He had found the song he had been searching for so long, the song that would give him the courage to embark on an adventure.

From that moment on, Remy decided to prepare his boat and set sail, in search of the mysterious lands described in the song. He was determined to discover new horizons and live his life to the rhythm of the sea.

For days and nights, Remy sailed across the vast expanses of the ocean, guided by the twinkling stars in the night sky. Sometimes, he would sing the song he had found in the bottle, letting his voice rise in the salty air like a call to adventure.

Finally, after a long journey, Remy spotted an island in the distance. The island was green and lush, with white sandy beaches and majestic mountains rising towards the sky.

Remy landed on the island and began to explore its mysteries. He met strange peoples and wild animals, discovering breathtaking landscapes and treasures hidden in the depths of the jungle.

Over the days, Remy realized that he had finally found what he was looking for: the adventure and freedom to live his life on his own terms. He was grateful for the song that had given him the courage to set out and for the wonders he had discovered because of it.

And as he stood on the shore of the island, watching the sun set behind the horizon, Remy knew that he had finally found his place in the world. For he had a song in his heart, a song of freedom and adventure, which would always guide him on the path of his dreams.

Le Vieil Homme

Au cœur d'un petit village, niché entre les collines verdoyantes, vivait un vieil homme nommé Jacques. Jacques était un homme simple, aimé et respecté par tous ceux qui le connaissaient. Il passait ses journées à arpenter les rues tranquilles du village, saluant amicalement ses voisins et écoutant attentivement les histoires de chacun.

Jacques avait vécu une vie longue et riche en expériences. Il avait connu l'amour et la perte, la joie et la peine, mais rien ne pouvait ternir son esprit optimiste et sa sagesse infinie.

Chaque soir, alors que le soleil se couchait derrière les collines et que le village plongeait dans l'obscurité, Jacques s'asseyait sur le banc devant sa petite maison et observait les étoiles scintillantes dans le ciel nocturne. Il aimait contempler la beauté du monde qui l'entourait et se laisser emporter par les souvenirs de sa jeunesse.

Un jour, alors qu'il se promenait dans les rues du village, Jacques entendit un cri venant d'une ruelle sombre. Sans hésiter, il se précipita pour voir ce qui se passait et découvrit un chaton abandonné, recroquevillé dans un coin, miaulant de faim et de peur.

Jacques s'approcha doucement du chaton et le prit dans ses bras. Il pouvait sentir la chaleur de son petit corps tremblant contre le sien et entendre le battement rapide de son cœur affolé.

Sans réfléchir, Jacques décida de ramener le chaton chez lui et de prendre soin de lui comme s'il était son propre enfant. Il lui donna un nom, Félix, et le nourrit avec amour et tendresse, veillant à ce qu'il soit toujours en bonne santé et heureux.

Félix devint rapidement le compagnon fidèle de Jacques, le suivant partout où il allait et lui tenant compagnie lors de ses longues promenades à travers le village. Les gens du village étaient émerveillés de voir le lien spécial qui unissait l'homme et le chaton, et beaucoup venaient rendre visite à Jacques pour voir Félix et entendre ses histoires fascinantes.

Les années passèrent, et Jacques et Félix vieillirent ensemble, partageant les joies et les peines de la vie quotidienne.

Un jour, alors que le soleil se levait sur le village, Jacques ne se réveilla pas. Il s'était endormi paisiblement dans son lit, entouré de souvenirs heureux et du doux ronronnement de Félix couché à ses côtés.

Et tandis que le village pleurait la perte de son cher ami, Félix se tenait près de la fenêtre, regardant silencieusement le ciel bleu au-dessus des collines verdoyantes. Il savait que Jacques était parti, mais il sentait aussi qu'il serait toujours avec lui, veillant sur lui depuis les étoiles scintillantes dans le firmament infini.

The Old Man

In the heart of a small village, nestled among the green hills, lived an old man named Jacques. Jacques was a simple man, loved and respected by all who knew him. He spent his days strolling through the quiet streets of the village, warmly greeting his neighbors and attentively listening to everyone's stories.

Jacques had lived a long and rich life full of experiences. He had known love and loss, joy and sorrow, but nothing could dull his optimistic spirit and infinite wisdom.

Every evening, as the sun set behind the hills and the village plunged into darkness, Jacques would sit on the bench in front of his small house and gaze at the twinkling stars in the night sky. He loved to contemplate the beauty of the world around him and get lost in memories of his youth.

One day, as he walked through the village streets, Jacques heard a cry coming from a dark alley. Without hesitation, he hurried to see what was happening and discovered an abandoned kitten, curled up in a corner, mewling from hunger and fear.

Jacques gently approached the kitten and scooped it up into his arms. He could feel the warmth of its tiny trembling body against his own and hear the rapid beating of its frightened heart.

Without a second thought, Jacques decided to bring the kitten home with him and take care of it as if it were his own child. He gave it a name, Félix, and fed it with love and tenderness, ensuring it was always healthy and happy.

Félix quickly became Jacques' faithful companion, following him wherever he went and keeping him company during his long walks through the village. The villagers were amazed to see the special bond between the man and the kitten, and many came to visit Jacques to see Félix and hear his fascinating stories.

Years passed, and Jacques and Félix grew old together, sharing the joys and sorrows of daily life.

One day, as the sun rose over the village, Jacques did not wake up. He had peacefully fallen asleep in his bed, surrounded by happy memories and the soft purring of Félix lying by his side.

And as the village mourned the loss of their dear friend, Félix stood by the window, silently watching the blue sky above the green hills. He knew Jacques was gone, but he also felt that he would always be with him, watching over him from the twinkling stars in the infinite sky.

Un Panier de Champignons

Il était une fois, dans une petite ville au bord de la forêt, une femme nommée Claire. Claire aimait passer ses journées à se promener dans les bois, à la recherche de trésors cachés parmi les arbres.

Un matin, alors que le soleil filtrait à travers les feuilles des arbres, Claire décida de partir à la recherche de champignons. Elle enfila son sac à dos, prit son panier en osier et se dirigea vers la forêt, le cœur léger et l'esprit avide de découvertes.

Dans la forêt, Claire se pencha pour examiner chaque petit coin, cherchant les champignons cachés sous les feuilles mortes et les branches. Elle sentait l'odeur de la terre humide et écoutait le doux murmure du vent dans les arbres.

Après un moment de recherche, elle trouva enfin le premier champignon. C'était un petit champignon blanc, caché sous un buisson. Avec précaution, elle le cueillit et le déposa dans son panier, souriant de satisfaction.

Elle continua sa promenade, fouillant sous chaque arbre et derrière chaque buisson à la recherche de plus de trésors cachés. Bientôt, son panier était rempli de champignons de toutes les formes et de toutes les couleurs : des champignons blancs, des champignons marrons, même des champignons rouges brillants.

Alors qu'elle se promenait, Claire entendit soudain un bruit étrange venant de derrière un buisson. Intriguée, elle s'approcha lentement, le cœur battant la chamade.

Et là, caché derrière le buisson, elle découvrit un petit écureuil, occupé à grignoter une noisette. L'écureuil la regarda avec curiosité, puis s'enfuit rapidement dans les arbres.

Claire sourit devant cette rencontre inattendue et continua sa promenade. Elle se sentait heureuse et vivante, entourée par la beauté tranquille de la forêt et les mystères qu'elle renfermait.

Finalement, après des heures de marche, Claire décida de rentrer chez elle. Son panier était plein à craquer de champignons fraîchement cueillis, et elle était impatiente de les cuisiner pour le dîner.

De retour chez elle, elle posa son panier sur la table de la cuisine et commença à trier les champignons. Elle en réserva quelques-uns pour une délicieuse soupe aux champignons et les autres, elle décida de les faire sauter à l'ail et au persil, comme sa grand-mère lui avait appris.

Alors qu'elle cuisinait, Claire se sentait remplie de bonheur. Elle aimait la simplicité de la vie à la campagne, entourée par la nature et ses merveilles.

Quand le dîner fut prêt, elle appela sa famille à table. Ils se réunirent autour du repas, partageant des histoires et des rires, savourant chaque bouchée des délicieux champignons.

Après le dîner, Claire se sentit fatiguée mais heureuse. Elle avait passé une merveilleuse journée à explorer la forêt et à cueillir des champignons, et elle savait qu'elle se souviendrait de cette journée pour toujours.

Et ainsi, dans la tranquillité de la nuit, Claire s'endormit, rêvant des aventures à venir et des trésors cachés qui l'attendaient dans les bois.

A Basket of Mushrooms

Once upon a time, in a small town on the edge of the forest, there was a woman named Claire. Claire loved spending her days wandering through the woods, searching for treasures hidden among the trees.

One morning, as the sun filtered through the tree leaves, Claire decided to go mushroom hunting. She put on her backpack, took her wicker basket, and headed into the forest, her heart light and her mind eager for discoveries.

In the forest, Claire bent down to examine every little corner, searching for mushrooms hidden under the fallen leaves and branches. She smelled the scent of damp earth and listened to the gentle rustle of the wind in the trees.

After a while of searching, she finally found the first mushroom. It was a small white mushroom, hidden under a bush. Carefully, she picked it and placed it in her basket, smiling with satisfaction.

She continued her walk, searching under every tree and behind every bush for more hidden treasures. Soon, her basket was filled with mushrooms of all shapes and colors: white mushrooms, brown mushrooms, even shiny red mushrooms.

As she walked, Claire suddenly heard a strange noise coming from behind a bush. Intrigued, she approached slowly, her heart pounding.

And there, hidden behind the bush, she discovered a little squirrel, busy nibbling on a hazelnut. The squirrel looked at her curiously, then quickly ran off into the trees.

Claire smiled at this unexpected encounter and continued her walk. She felt happy and alive, surrounded by the quiet beauty of the forest and the mysteries it held.

Finally, after hours of walking, Claire decided to head home. Her basket was bursting with freshly picked mushrooms, and she couldn't wait to cook them for dinner.

Back home, she placed her basket on the kitchen table and began sorting through the mushrooms. She set aside a few for a delicious mushroom soup and decided to sauté the others with garlic and parsley, just as her grandmother had taught her.

As she cooked, Claire felt filled with happiness. She loved the simplicity of life in the countryside, surrounded by nature and its wonders.

When dinner was ready, she called her family to the table. They gathered around the meal, sharing stories and laughter, savoring every bite of the delicious mushrooms.

After dinner, Claire felt tired but happy. She had spent a wonderful day exploring the forest and picking mushrooms, and she knew she would remember this day forever.

And so, in the quiet of the night, Claire fell asleep, dreaming of adventures to come and hidden treasures waiting for her in the woods.

L'Artiste et l'Abeille

Il était une fois, dans un petit village au cœur de la campagne, un artiste nommé Pierre. Pierre adorait peindre et dessiner, capturant la beauté du monde qui l'entourait avec ses pinceaux et ses crayons colorés.

Un jour d'été ensoleillé, alors que Pierre travaillait sur une nouvelle toile, une abeille curieuse entra dans son atelier par la fenêtre ouverte. Elle tournoyait autour de lui, attirée par les couleurs vives de ses peintures.

Pierre sourit en voyant l'abeille s'approcher de ses tableaux. Il avait toujours aimé les abeilles.

"Bonjour, petite abeille", dit Pierre doucement. "Tu veux voir mes peintures ?"

L'abeille sembla hocher la tête, puis se posa sur le rebord d'une toile inachevée. Pierre observa avec fascination alors qu'elle se promenait d'une couleur à l'autre, comme si elle admirait chaque coup de pinceau avec attention.

Inspiré par la présence de l'abeille, Pierre commença à peindre avec encore plus de passion. Il mélangeait les couleurs avec soin, créant des nuances vibrantes qui semblaient danser sur la toile.

L'abeille, quant à elle, semblait totalement absorbée par le processus créatif de Pierre. Elle volait autour de lui, comme s'il était son guide à travers un monde de couleurs et de formes.

Bientôt, l'œuvre d'art prit vie sous les mains habiles de Pierre. C'était un tableau magnifique, représentant un champ de fleurs baigné par le soleil, avec des abeilles qui voltigeaient joyeusement parmi les pétales colorés.

Quand il eut fini, Pierre se recula pour admirer son travail. Il était fier du résultat, mais il savait que quelque chose manquait encore.

C'est alors qu'il eut une idée. Avec précaution, il tendit son pinceau à l'abeille et lui montra la toile.

"Que penses-tu de ça, ma petite amie ?" demanda-t-il avec un sourire.

L'abeille sembla réfléchir un instant, puis commença à voltiger autour du tableau, ajoutant de délicates touches de pollen ici et là.

Pierre regarda avec émerveillement alors que l'abeille apportait sa touche finale à l'œuvre d'art. Ses mouvements étaient gracieux et précis, comme si elle savait exactement où poser chaque grain de pollen pour rendre le tableau parfait.

Quand elle eut terminé, l'abeille se posa sur le rebord de la toile, contemplant son travail avec satisfaction. Pierre était émerveillé par la contribution de son nouvel ami à l'œuvre d'art.

"Merci, ma petite amie", dit-il en souriant. "Tu as ajouté une touche de magie à mon tableau."

L'abeille sembla sourire, puis s'envola par la fenêtre, disparaissant dans le ciel d'été.

The Artist and the Bee

Once upon a time, in a small village in the heart of the countryside, there was an artist named Pierre. Pierre loved to paint and draw, capturing the beauty of the world around him with his colorful brushes and pencils.

One sunny summer day, as Pierre was working on a new canvas, a curious bee entered his studio through the open window. It buzzed around him, attracted by the bright colors of his paintings.

Pierre smiled as he watched the bee approach his paintings. He had always loved bees.

"Hello, little bee," said Pierre softly. "Do you want to see my paintings?"

The bee seemed to nod, then landed on the edge of an unfinished canvas. Pierre watched with fascination as it wandered from one color to another, as if admiring each brushstroke carefully.

Inspired by the presence of the bee, Pierre began to paint with even more passion. He carefully mixed colors, creating vibrant shades that seemed to dance on the canvas.

Meanwhile, the bee seemed completely absorbed in Pierre's creative process. It flew around him, as if he were its guide through a world of colors and shapes.

Soon, the artwork came to life under Pierre's skilled hands. It was a beautiful painting, depicting a sun-drenched field of flowers, with bees joyfully flitting among the colorful petals.

When he finished, Pierre stepped back to admire his work. He was proud of the result, but he knew that something was still missing.

That's when he had an idea. Carefully, he handed his brush to the bee and showed it the canvas.

"What do you think of this, my little friend?" he asked with a smile.

The bee seemed to think for a moment, then began to flutter around the painting, adding delicate touches of pollen here and there.

Pierre watched in awe as the bee put the finishing touches on the artwork. Its movements were graceful and precise, as if it knew exactly where to place each grain of pollen to make the painting perfect.

When it was done, the bee landed on the edge of the canvas, contemplating its work with satisfaction. Pierre was amazed by his new friend's contribution to the artwork.

"Thank you, my little friend," he said with a smile. "You have added a touch of magic to my painting."

The bee seemed to smile, then flew out of the window, disappearing into the summer sky.

La Liste de Courses

Il était une fois, dans un petit village paisible, vivait une dame nommée Marie. Marie était connue pour être une grande amatrice de cuisine. Chaque semaine, elle se lançait dans une aventure culinaire différente. Mais il y avait une chose qu'elle adorait plus que tout : faire ses courses.

Un matin, Marie se réveilla avec une idée brillante. Elle allait créer la liste de courses ultime. Une liste qui non seulement lui permettrait de concocter des plats délicieux, mais qui étonnerait également tout le village. Elle prit son plus beau stylo et commença à écrire.

Premièrement, elle écrivit "Oeufs de dragon". Oui, vous avez bien lu ! Marie avait entendu parler de ces oeufs spéciaux qui donnaient à n'importe quel plat une touche magique. Elle les avait déjà vus dans un vieux livre de recettes que sa grand-mère lui avait légué.

Ensuite, elle ajouta "Lait de licorne". Marie avait entendu dire que ce lait était incroyablement doux et crémeux, parfait pour les desserts les plus délicats. Elle savait que si elle parvenait à trouver du lait de licorne, elle épaterait tout le monde avec ses desserts.

Puis vint le tour des "Pétales de lune". Ces pétales étaient réputés pour leur goût sucré et leur éclat argenté. Marie imaginait déjà une salade garnie de ces pétales étincelants, qui éblouiraient les papilles de ses invités.

Après cela, elle inscrivit "Fumée de fée". Marie avait entendu dire que la fumée de fée ajoutait une touche de magie à n'importe quel plat. Elle était déterminée à mettre la main sur ce mystérieux ingrédient.

Enfin, elle termina sa liste avec "Poudre de lutin". Cette poudre était réputée pour ses pouvoirs de guérison et sa capacité à rendre les plats irrésistibles. Marie savait que si elle réussissait à trouver de la poudre de lutin, elle deviendrait la reine de la cuisine.

Armée de sa liste de courses, Marie se rendit au marché du village. Les commerçants la regardèrent avec étonnement lorsqu'elle leur demanda des oeufs de dragon, du lait de licorne, des pétales de lune, de la fumée de fée et de la poudre de lutin. Certains se mirent à rire, pensant qu'elle avait perdu la tête.

Mais Marie était déterminée. Elle parcourut le marché, scrutant chaque échoppe avec attention. Et à sa grande surprise, elle trouva tout ce qu'elle cherchait. Les oeufs de dragon étaient cachés derrière un stand de fruits, le lait de licorne se trouvait chez un vieux fermier, les pétales de lune étaient vendus par une herboriste, la fumée de fée était vendue par une vieille sorcière, et la poudre de lutin était cachée dans une boutique secrète.

De retour chez elle, Marie se mit immédiatement à cuisiner. Elle mélangea les oeufs de dragon avec le lait de licorne pour créer une délicieuse crème anglaise. Puis, elle ajouta les pétales de lune à sa salade, leur donnant un éclat argenté et un goût sucré. Elle saupoudra un peu de poudre de lutin sur ses plats, les rendant encore plus savoureux. Et enfin, elle utilisa la fumée de fée pour parfumer ses desserts d'une touche magique.

Le soir venu, Marie invita tout le village à dîner chez elle. Quand ils goûtèrent à ses plats magiques, ils furent stupéfaits. Jamais ils n'avaient rien mangé de tel ! Ils lui demandèrent la recette de ses délices, mais Marie garda son secret bien précieusement.

Et c'est ainsi que Marie prit sa place en tant que reine de la cuisine, grâce à sa liste de courses magique et à son esprit créatif.

The Shopping List

Once upon a time, in a small peaceful village, lived a lady named Marie. Marie was known to be a great lover of cooking. Every week, she embarked on a different culinary adventure. But there was one thing she loved more than anything else: shopping for groceries.

One morning, Marie woke up with a brilliant idea. She was going to create the ultimate shopping list. A list that would not only allow her to concoct delicious dishes but would also amaze the entire village. She took her prettiest pen and began to write.

First, she wrote "Dragon Eggs." Yes, you read that right! Marie had heard of these special eggs that gave any dish a magical touch. She had seen them in an old recipe book her grandmother had left her.

Next, she added "Unicorn Milk." Marie had heard that this milk was incredibly sweet and creamy, perfect for the most delicate desserts. She knew that if she could find unicorn milk, she would impress everyone with her desserts.

Then came the turn of "Moon Petals." These petals were renowned for their sweet taste and silvery glow. Marie could already imagine a salad adorned with these sparkling petals, dazzling her guests' taste buds.

After that, she wrote down "Fairy Smoke." Marie had heard that fairy smoke added a touch of magic to any dish. She was determined to get her hands on this mysterious ingredient.

Finally, she finished her list with "Pixie Powder." This powder was known for its healing powers and its ability to make dishes irresistible. Marie knew that if she succeeded in finding pixie powder, she would become the queen of the kitchen.

Armed with her shopping list, Marie went to the village market. The merchants looked at her with astonishment when she asked them for dragon eggs, unicorn milk, moon petals, fairy smoke, and pixie powder. Some began to laugh, thinking she had lost her mind.

But Marie was determined. She roamed the market, scrutinizing every stall carefully. And to her great surprise, she found everything she was looking for. The dragon eggs were hidden behind a fruit stand, the unicorn milk was at an old farmer's, the moon petals were sold by a herbalist, the fairy smoke was sold by an old witch, and the pixie powder was hidden in a secret shop.

Back home, Marie immediately started cooking. She mixed the dragon eggs with unicorn milk to create a delicious custard. Then, she added the moon petals to her salad, giving them a silvery glow and a sweet taste. She sprinkled some pixie powder on her dishes, making them even more flavorful. And finally, she used the fairy smoke to perfume her desserts with a magical touch.

In the evening, Marie invited the whole village to dinner at her place. When they tasted her magical dishes, they were amazed. They had never eaten anything like it! They asked her for the recipe for her delights, but Marie kept her secret very precious.

And that's how Marie took her place as the queen of the kitchen, thanks to her magical shopping list and her creative spirit.

Le Voyage du Petit Écureuil

Il était une fois, dans une forêt dense et mystérieuse, vivait un petit écureuil nommé Nicolas. Nicolas était un écureuil très curieux et rêveur. Chaque jour, il observait les grands arbres qui s'élevaient vers le ciel et rêvait de découvrir ce qui se trouvait au-delà de la forêt.

Un matin, alors qu'il ramassait des noisettes pour son petit-déjeuner, Nicolas entendit un bruissement inhabituel dans les buissons. Intrigué, il s'approcha doucement et découvrit une vieille carte recouverte de poussière. Sur la carte, il y avait des symboles étranges et des lignes dessinées menant à une destination inconnue.

Nicolas sentit son cœur bondir d'excitation. Il avait toujours rêvé d'aventures et cette carte semblait être le début d'une grande aventure. Sans hésiter, il fourra la carte dans sa besace et se mit en route vers l'inconnu.

Le voyage de Nicolas à travers la forêt était rempli de dangers et de découvertes. Il rencontra des écureuils farceurs qui lui jouèrent des tours, des oiseaux chanteurs qui lui racontèrent des histoires, et même un renard rusé qui tenta de le piéger. Mais rien ne pouvait arrêter Nicolas dans sa quête.

Finalement, après des jours de marche, Nicolas arriva à la lisière de la forêt. Devant lui s'étendait un vaste champ verdoyant, baigné par le soleil couchant. Au loin, il aperçut une montagne majestueuse, dont le sommet était caché dans les nuages.

Se souvenant de la carte, Nicolas se mit en route vers la montagne. Le chemin était escarpé et difficile, mais il était déterminé à découvrir ce qui l'attendait au sommet. Il escalada des rochers, traversa des rivières et affronta même une tempête de neige, mais il ne perdit jamais espoir.

Enfin, après de longs jours d'efforts, Nicolas atteignit le sommet de la montagne. Là, il découvrit un spectacle à couper le souffle. Devant lui s'étendait un vaste paysage, avec des vallées verdoyantes, des rivières scintillantes et des forêts luxuriantes à perte de vue.

Mais ce n'était pas tout. Au centre du paysage se dressait un château majestueux, avec des tours qui s'élevaient vers le ciel. Nicolas sentit son cœur battre plus fort à la vue du château. Il avait enfin trouvé ce qu'il cherchait.

Plein d'excitation, Nicolas se dirigea vers le château. À mesure qu'il s'approchait, il entendit des voix joyeuses et de la musique qui résonnaient à travers les murs. Il se demanda qui pouvait bien vivre dans ce château enchanté.

En arrivant devant les grandes portes du château, Nicolas eut un frisson d'excitation. Il poussa les portes et entra dans la grande salle, où il fut accueilli par une foule de créatures étranges et merveilleuses.

Il y avait des elfes élégants, des nains robustes et même un vieux sorcier barbu. Tous semblaient heureux de voir Nicolas et lui firent un accueil chaleureux. Ils lui offrirent de la nourriture délicieuse et lui racontèrent des histoires incroyables sur leur royaume enchanté.

Nicolas était émerveillé par tout ce qu'il voyait et entendait. Il se sentait comme dans un rêve. Mais bientôt, il se souvint de la raison pour laquelle il était venu. Il sortit la vieille carte de sa besace et demanda aux habitants du château s'ils savaient ce qu'elle signifiait.

Les créatures examinèrent la carte avec attention et échangèrent des chuchotements excités. Finalement, le vieux sorcier se tourna vers Nicolas et lui dit : "Mon petit écureuil, tu as trouvé la carte de l'ancien royaume oublié. Nous pensions qu'il n'existait que dans les légendes, mais grâce à toi, nous savons maintenant qu'il est réel."

Nicolas était stupéfait. Il n'avait jamais imaginé qu'une simple carte pouvait avoir autant de pouvoir. Il se sentait fier d'avoir découvert quelque chose d'aussi extraordinaire.

Les habitants du château remercièrent Nicolas pour son courage et sa détermination. Ils lui offrirent même un petit sac de noisettes magiques, qui lui apporteraient chance et bonheur dans ses futures aventures.

Avec un cœur léger et plein de souvenirs précieux, Nicolas se mit en route vers la forêt. Il savait que son voyage était terminé, mais il savait aussi qu'il emportait avec lui des souvenirs qui dureraient toute une vie.

Et c'est ainsi que Nicolas, le petit écureuil, acheva son voyage extraordinaire à travers la forêt mystérieuse, laissant derrière lui un monde rempli de magie et de merveilles.

The Journey of the Little Squirrel

Once upon a time, in a dense and mysterious forest, lived a little squirrel named Nicolas. Nicolas was a very curious and dreamy squirrel. Every day, he observed the tall trees reaching up to the sky and dreamed of discovering what lay beyond the forest.

One morning, while gathering hazelnuts for his breakfast, Nicolas heard an unusual rustling in the bushes. Intrigued, he approached slowly and discovered an old map covered in dust. On the map, there were strange symbols and drawn lines leading to an unknown destination.

Nicolas felt his heart leap with excitement. He had always dreamed of adventures, and this map seemed to be the beginning of a great adventure. Without hesitation, he stuffed the map into his knapsack and set off into the unknown.

Nicolas's journey through the forest was filled with dangers and discoveries. He encountered mischievous squirrels who played tricks on him, singing birds who told him stories, and even a cunning fox who tried to trap him. But nothing could stop Nicolas on his quest.

Finally, after days of walking, Nicolas arrived at the edge of the forest. Before him stretched a vast green field, bathed in the setting sun. In the distance, he saw a majestic mountain, its summit hidden in the clouds.

Remembering the map, Nicolas set off towards the mountain. The path was steep and difficult, but he was determined to discover what awaited him at the top. He climbed rocks, crossed rivers, and even braved a snowstorm, but he never lost hope.

At last, after many days of effort, Nicolas reached the summit of the mountain. There, he discovered a breathtaking sight. Before him lay a vast landscape, with green valleys, shimmering rivers, and lush forests as far as the eye could see.

But that was not all. In the center of the landscape stood a majestic castle, with towers reaching up to the sky. Nicolas felt his heart beat faster at the sight of the castle. He had finally found what he was looking for.

Full of excitement, Nicolas made his way to the castle. As he approached, he heard joyful voices and music echoing through the walls. He wondered who could possibly live in this enchanted castle.

Upon reaching the grand doors of the castle, Nicolas felt a thrill of excitement. He pushed open the doors and entered the great hall, where he was greeted by a crowd of strange and wonderful creatures.

There were elegant elves, sturdy dwarves, and even an old bearded wizard. They all seemed happy to see Nicolas and gave him a warm welcome. They offered him delicious food and told him incredible stories about their enchanted kingdom.

Nicolas was amazed by everything he saw and heard. He felt like he was in a dream. But soon, he remembered the reason he had come. He pulled out the old map from his knapsack and asked the castle's inhabitants if they knew what it meant.

The creatures examined the map carefully and exchanged excited whispers. Finally, the old wizard turned to Nicolas and said, "My little squirrel, you have found the map of the ancient forgotten kingdom. We thought it only existed in legends, but thanks to you, we now know it is real."

Nicolas was stunned. He had never imagined that a simple map could hold so much power. He felt proud to have discovered something so extraordinary.

The inhabitants of the castle thanked Nicolas for his courage and determination. They even gave him a small bag of magical hazelnuts, which would bring him luck and happiness in his future adventures.

With a light heart and precious memories, Nicolas set off back into the forest. He knew his journey was over, but he also knew that he carried with him memories that would last a lifetime.

And so, Nicolas, the little squirrel, completed his extraordinary journey through the mysterious forest, leaving behind a world full of magic and wonders.

61

www.ingramcontent.com/pod-product-compliance
Lightning Source LLC
Chambersburg PA
CBHW061342120726
48001CB00002B/983